COUVERTURES SUPERIEURE ET INFERIEURE
DETERIOREES

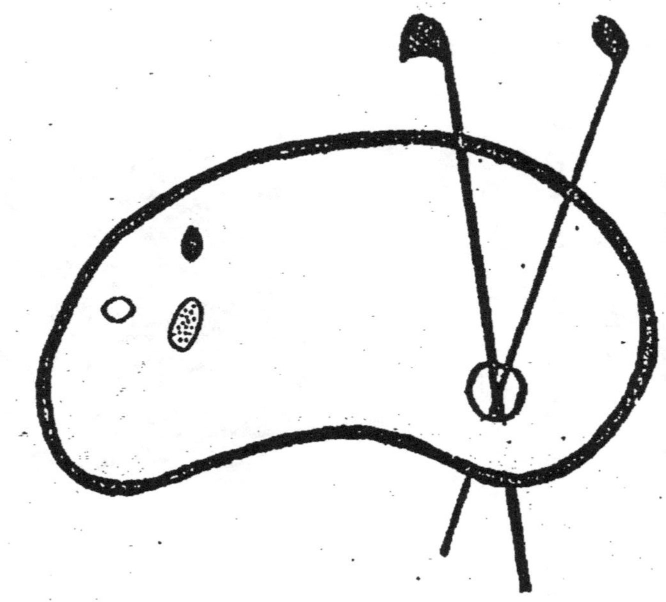

DEBUT D'UNE SERIE DE DOCUMENTS
EN COULEUR

FÊTES RELIGIEUSES

DE

SAINT-SAULVE

VALENCIENNES

IMPRIMERIE E. PRIGNET, LIBRAIRE-ÉDITEUR.

1865

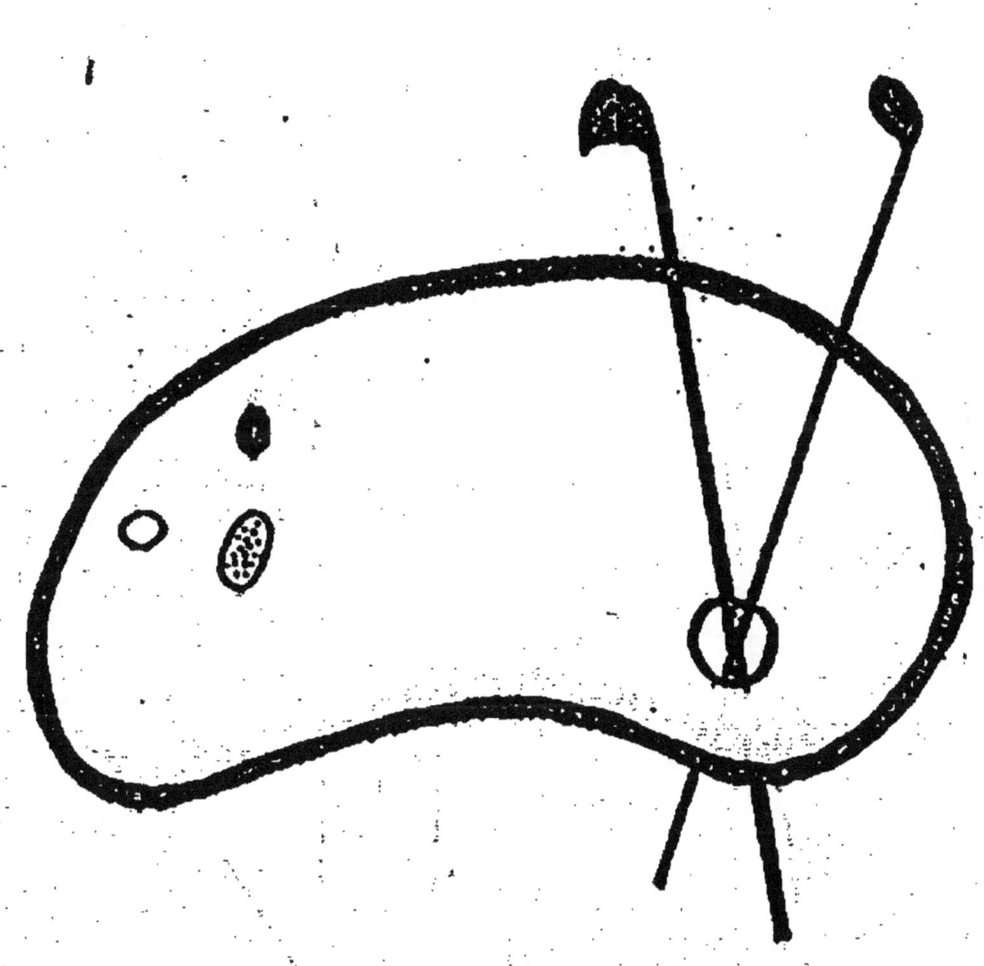

FIN D'UNE SERIE DE DOCUMENTS
EN COULEUR

EGLISE DE St SAULVE.

Consacrée le 16 Juillet 1865.

FÊTES RELIGIEUSES

QUI DOIVENT SE CÉLÉBRER

A

SAINT - SAULVE

(LEZ - VALENCIENNES)

A L'OCCASION DE LA

CONSÉCRATION DE L'ÉGLISE

le 16 juillet 1863

VALENCIENNES, E. PRIGNET, LIBRAIRE-ÉDITEUR.

——»»»○ Imprimerie de E. PRIGNET à Valenciennes ○«««——

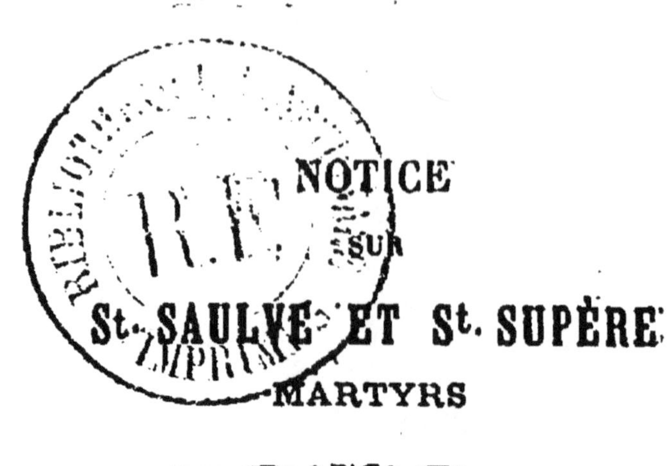

NOTICE
SUR
St. SAULVE ET St. SUPÈRE
MARTYRS

A la fin du huitième siècle, les contrées qui
s'appelèrent le Hainaut français et que domine
la ville de Valenciennes, étaient loin de se
trouver dans l'état où nous les voyons aujour-
d'hui. Elles ne présentaient à la vue que des
champs incultes, des forêts et surtout des
marais fangeux sillonnés par l'Escaut. Quoiqu'éclairés de la lumière évangélique qui
s'était levée sur eux, les habitants n'avaient
point encore entièrement perdu le caractère
dur des vieux Nerviens leurs aïeux ; les
anciens historiens vont même jusqu'à dire
qu'en général, ils étaient féroces comme les
animaux qui peuplaient leurs forêts. Le Midi
de la France était prospère : la religion y
avait jeté de profondes racines; la foi et la
charité y étaient connues, et, avec elles y
régnait la civilisation chrétienne. On y savait
que le Nord quoiqu'ayant renoncé au paga-
nisme, tardait à se former aux mœurs douces
et pures de la religion de Jésus-Christ. De
nombreux missionnaires abandonnaient les

belles contrées de l'Aquitaine et du Languedoc pour apporter leur concours aux saints Evêques de Tournai et de Cambrai. On rencontrait même des évêques qui quittaient momentanément les régions au milieu desquelles l'Eglise les avait placés et venaient évangéliser la Flandre et le Hainaut.

Parmi ces ouvriers de l'Evangile, Valenciennes vit dans ses murs un évêque d'Angoulème nommé Saulve (Salvius), accompagné d'un disciple qui probablement était diacre et dont l'histoire n'a point conservé le nom. Après avoir prêché dans cette ville et ramené à Dieu un grand nombre de pécheurs, Saulve se dirigea vers Condé, où il voulait rendre hommage à la sainte Vierge, dans une église qu'y avait érigée saint Amand.

En quittant Valenciennes il s'arrêta à un village nommé Braine pour y vénérer la mémoire de saint Martin dans une chapelle dédiée à cet illustre évêque de Tours qui, comme lui, avait, quatre siècles auparavant, parcouru ces contrées et que l'on appelait l'apôtre de la France. Le dimanche, lendemain de son arrivée à Braine, où il avait passé la nuit en prières, une partie des habitants, apprenant la présence du missionnaire au milieu d'eux, s'empressèrent de venir à l'église pour entendre la parole de Dieu et assister au saint sacrifice qu'il offrit. Après l'office, un des hommes puissants du pays, nommé Génard, qui était prévot de Valenciennes et qui habitait une maison de campagne à Beuvrages, l'invita à venir prendre son repas chez lui. Génard avait un fils nommé Winegard, qui vivait mal, s'abandonnant aux plus mauvaises passions.

Un homme qui s'est laissé dominer par un penchant pervers du cœur, devient bientôt l'esclave de tous les vices ; il ne connaît plus de lois ; à l'occasion il est capable de commettre tous les crimes. Le malheureux Winegard avait vu briller sur l'autel, entre les mains du vénérable évêque, un calice d'or. Détournant son esprit des bonnes pensées qu'auraient dû y faire naître les instructions qu'il venait d'entendre, il ne songea qu'à s'approprier ce vase précieux. Le saint missionnaire et son disciple ayant terminé leur repas, s'étaient remis en route ; déjà ils étaient arrivés près d'un petit ruisseau appelé le Bucion, non loin de Beuvrages, lorsqu'ils aperçurent Winegard qui s'avançait à leur rencontre avec des hommes armés. Celui-ci, avec un ton d'hypocrisie raffinée, leur demanda où il dirigeaient leurs pas, et, sur leur réponse, il les engagea à venir plutôt voir et consacrer une église que, disait-il, il avait érigée dans ses domaines. Le saint voyageur lui répondit qu'il ne pouvait acquiescer à sa demande et continua sa marche. Mais aussitôt, sur un signe que Winegard fait à ses compagnons, il est saisi ainsi que son disciple, l'un et l'autre sont dépouillés, garottés et emmenés dans la forteresse de Beuvrages, où ils restèrent emprisonnés pendant trois mois.

La cupidité du fils de Genart était satisfaite : il possédait la coupe d'or ! Mais un crime appelle ordinairement un autre crime : craignant que l'évêque ne le dénonçât. il prit le parti de se débarrasser de lui, en le faisant mettre à mort ainsi que son compagnon, dans la prison. Winegaire le geôlier reçut de sa part l'ordre de les massacrer tous deux. Celui-ci se disposa à commettre cet acte de férocité, mais, en entrant dans la prison, à la vue du saint qui était en prières et dont la figure lui paraissait être celle d'un ange, il recula d'épouvante. Winegard impatient de savoir si ses ordres étaient exécutés et se doutant de ce qui était arrivé, envoya au geôlier un valet chargé de le presser par des menaces, de faire ce qu'il lui avait recommandé et même de se joindre à lui. Ces deux hommes obéirent lâchement à leur maître; ils frappèrent d'abord l'évêque qui tomba sans vie à leurs pieds, puis, se jettant sur son disciple, ils l'assaillirent à coups de hache et le laissèrent baigné dans son sang. Ainsi moururent saint Saulve et son compagnon, le vingt-six juin de l'année sept cent quatre-vingt-dix huit. Saint Saulve était âgé d'environ quarante ans.

Les assassins et leur abominable maître cherchèrent aussitôt les moyens de cacher leur crime : pour en dissimuler les moindres apparences, ils résolurent de transporter les cadavres dans une étable à bœufs et de les enfouir dans un trou qu'ils creusèrent. Le corps de saint Saulve y fut jeté le premier, et au-dessus, on plaça celui de son disciple; circonstance qui fit donner à ce dernier dont le nom véritable était inconnu., le nom de *Superius* ou de *Supère*, qui veut dire *placé par dessus*.

La providence de Dieu, à qui rien n'est caché, ne tarda pas à se manifester; comme elle dispose de tout à son gré, elle se servit des animaux pour divulguer en même temps et le crime des assassins et la sainteté des victimes. On racontait à Beuvrages et aux alentours qu'il se passait quelque chose d'étrange dans l'étable de Winegard; qu'un taureau repoussait constamment les autres animaux d'un coin de cet étable et ne permettait pas que ce lieu fût souillé ; une vénérable femme attestait que sortant de chez elle, la nuit, pour prier Dieu, jetant les yeux sur l'étable, elle l'avait vue resplendissante de lumière et que, s'étant approchée, elle avait reconnu que cette lueur procédait des cornes du taureau qui étaient comme des lampes d'une admirable clarté.

Ces bruits allèrent toujours croissant et ne tardèrent pas à arriver aux oreilles des officiers du roi et jusqu'au roi lui-même. Charlemagne voulut aussitôt connaître l'exacte vérité : ses envoyés arrivèrent à Valenciennes, firent des informations juridiques et saisirent les meurtriers. Bientôt arriva le roi en personne ; les coupables furent amenés devant lui et condamnés à perdre la vue.

Lorsque la justice humaine fut satisfaite, Charlemagne voulut témoigner de sa vénération pour les saints martyrs. Par son ordre, on retira leurs corps de la fosse où ils avaient été jetés, et on les plaça sur un chariot attelé de bœufs, destiné à les transporter dans l'église Saint-Vaast, en dehors de Valenciennes, puis dans celle de sainte Pharaïlde, à Bruai; mais la volonté du ciel sembla s'y opposer et indiquer pour le lieu de leur repos l'église Saint-Martin au village de Braine qui, dès ce moment, échangea son vieux nom contre celui de Saint-Saulve, qu'il porte encore aujourd'hui.

L'élévation du corps du saint évêque d'Angoulême et de son compagnon eut lieu le quinze octobre de l'année huit cent un. Cette cérémonie constituait alors une sorte de canonisation. Pour en perpétuer le souvenir et pour veiller à la garde de ces précieuses reliques, Charlemagne fit construire attenante à celle de Saint-Martin une église qu'il dédia à saint Pierre et à saint Paul et y plaça des chanoines qui vers l'an 1103 furent remplacés par des religieux Bénédictins. Telle fut l'origine de l'abbaye de Saint-Saulve. L'étable où les martyrs avaient été enterrés fut changée en une église qui devint celle de la paroisse de Beuvrages.

De nombreux miracles ne tardèrent pas à s'opérer au tombeau de ces saints illustres. L'auteur de l'histoire de leur vie, leur contemporain, raconte qu'il a vu des aveugles, des boiteux, des infirmes de toute espèce y trouver la guérison. Les meurtriers furent les premiers qui ressentirent les effets de leur intercession auprès de Dieu : tous trois y trouvèrent la grâce de leur conversion. Genard qui probablement avait trempé dans le complot, donna tous ses biens à l'église que l'on venait de construire et se voua à la pénitence pour le reste de ses jours ; Winegard alla se consacrer à Dieu dans l'abbaye de Saint-Amand, et Winegaire, le geôlier, après avoir recouvré l'usage d'un œil, se donna pour être employé à garder les troupeaux qui appartenaient à l'église de Saint-Saulve.

Le culte de saint Saulve et de saint Supère n'a pas cessé d'être célèbre dans la contrée qui fut arrosée de leur sang. Sans compter les pèlerins de tous les jours, chaque année depuis la mi-carème jusqu'à la fête de Pâques, leurs reliques étaient visitées par des milliers de fidèles qui venaient demander à Dieu par leur intercession son secours et ses grâces pour eux-mêmes, la santé, la force ou la guérison pour leurs bestiaux.

Ces saints ossements avaient été déposés, en

l'année 1282, dans une riche châsse d'argent doré. Toutes les générations qui se sont succédées dans la contrée depuis le commencement du neuvième siècle, les avaient vénérés.... Survinrent de mauvais jours..... Dieu permit à l'impiété d'être un moment triomphante, et l'impiété détruisit ce que dix longs siècles avaient entouré de respect et d'amour. En 1793, la châsse aussi riche de travail que de matière, fut enlevée et brisée et les reliques de saint Saulve et de saint Supère furent jetées comme des objets immondes. Des mains pieuses ramassèrent furtivement ces précieux restes qui furent transportés à Valenciennes et laissés à la garde d'une famille fortement attachée à la foi. Que sont devenues ces reliques? On ne sait ! Il est probable qu'aux jours où la liberté fut rendue à la religion, elles furent restituées à l'église et qu'elles se trouvent dans une caisse que l'on y conserve précieusement; mais il est regrettable que l'on ait négligé alors d'établir une enquête canonique qui eût permis de leur rendre leur caractère d'authenticité.

Quoi qu'il en soit, quelques débris restés authentiques, échappés des mains du vandalisme, ont été conservés et sont encore aujourd'hui en vénération dans la petite église paroissiale qui n'a pas cessé de garder le vocable de Saint-Martin.

Bientôt, avec tous les objets qui servent au culte divin, ils seront transférés dans un temple plus vaste et plus digne qu'a érigé une IMMENSE DOULEUR TEMPÉRÉE PAR UNE GRANDE FOI ET UNE ARDENTE CHARITÉ.

L'ANCIENNE ÉGLISE

DE LA PAROISSE

DE SAINT-SAULVE.

Lorsque l'on quitte un lieu que l'on a longtemps habité et où l'on a concentré de douces et saintes affections, il est difficile de ne pas éprouver certains regrets, lors même que celui où l'on doit désormais résider est beaucoup plus beau et plus riche que le premier. Nous ne savons si les habitants de la paroisse de Saint-Saulve ouvriront leur cœur à ces sentiments quand ils jetteront un dernier regard sur leur ancienne église ; mais lorsque ce temple aura cessé d'être la maison de Dieu et que ses murailles condamnées à la démolition tomberont sous les efforts du marteau, l'ami de la vieille histoire du pays et des traditions religieuses ne manquera pas d'exhaler un soupir. Ce lieu, en effet, a été sanctifié par les prières de nombreuses générations, et par le Saint sacrifice qui y fut offert pendant de longs siècles ; c'est sur cet emplacement qu'était érigée la modeste chapelle où saint Saulve vint honorer la mémoire de saint Martin et où il annonça la parole de Dieu. . . . .

Mais grâce à la noble inspiration que le Ciel donna au conseil d'administration du bureau de bienfaisance, cette sainte maison ne sera pas démolie. Destinée à servir d'asile à quelques familles pauvres, dont les logements y seront sagement distribués, elle pourra conserver son ancien vocable, et, devenant la maison de la Charité, elle sera encore réellement la maison de Dieu.

Les intérêts de la foi et de l'histoire étant ainsi sauvegardés, les regrets d'abandonner cette église ne peuvent plus guère avoir leur raison d'être. Beaucoup trop étroite pour contenir même le tiers des fidèles appelés à assister à la célébration du saint sacrifice, elle n'a rien qui la recommande au point de vue de l'art. Construite au seizième siècle, elle est peut-être la seconde ou la troisième qui remplaça celle qui fut érigée sous le vocable de saint Martin, lorsqu'après la mort de cet illustre évêque de Tours, on s'empressait de construire partout des sanctuaires destinés à conserver soit la mémoire de son passage à travers la contrée, soit le souvenir des prodiges opérés par son intercession, soit encore pour honorer quelque parcelle de ses reliques que l'on conservait comme un trésor précieux.

Suivons donc la Religion qui transfère les pompes de son culte dans le nouveau temple dont on l'invite à prendre possession, et, comme nos vieux chroniqueurs, dont les précieux écrits nous initient à la connaissance détaillée des faits qu'ils racontent, recueillons pour les générations de l'avenir tout ce qui regarde ce monument en lui-même et tout ce qui a rapport à sa construction.

LA NOUVELLE ÉGLISE.

La nouvelle église de la paroisse de Saint-Saulve est dédiée au Seigneur sous le triple vocable de saint Martin, de saint Saulve et de saint Albert. Dans sa construction comme dans son ameublement complet, elle est due à la munificence de Monsieur et de Madame Edouard Hamoir, qui déjà ont doté la commune d'une salle d'asile tenue par des sœurs de charité de Saint-Vincent de Paul.

Ce n'est pas sans avoir fait de nombreuses combinaisons et surmonté bien des embarras que les pieux bienfaiteurs parvinrent à mener à bonne fin leur sainte entreprise. Le premier objet de leurs préoccupations fut le choix de l'emplacement. Aucun point central de la paroisse ne permettait d'y construire un édifice qui fût, selon les plus simples convenances, isolé de toutes parts et d'un accès facile. Après bien des recherches, on tomba d'accord que le terrain sur lequel le monument est aujourd'hui construit, était celui qui comptait le plus de conditions en sa faveur.

Sans s'arrêter à computer le prix qu'il faudrait consacrer à cette entreprise, Monsieur et Madame E. Hamoir firent part de leur projet de construire une église entièrement à leurs frais, au Conseil municipal de Saint-Saulve, qui, dans sa séance du 13 février 1862, accepta avec reconnaissance et vota une adresse de remerciements.

Les voies amiables pour l'acquisition des terrains n'ayant pu réussir, on dut recourir à l'expropriation. Monsieur le Maire et le Conseil municipal prêtèrent leur concours le plus dévoué pour arriver au décret du 2 juillet 1862, qui approuva l'expropriation pour cause d'utilité publique. Enfin le 27 septembre de la même année, le Tribunal civil de Valenciennes rendit un jugement qui déclara expropriés, pour la même cause, les terrains nécessaires à la construction de l'église, à la place qui la précède et à la rue qui se prolonge au-delà.

L'église, orientée selon la coutume suivie au moyen-âge, est construite dans le style bien caractérisé du treizième siècle. Elle s'élève au fond d'une esplanade, à l'entrée de laquelle a été bâti le presbytère et resserrée entre deux voies pavées et garnies de leurs trottoirs ; ces chemins se réunissent devant le portail où ils forment une sorte de parvis, puis, embrassant l'édifice au midi et au nord, ils viennent se confondre derrière l'abside et constituent une rue de douze mètres de largeur qui met en communication la rue dite de Valenciennes avec la route impériale de Valenciennes à Mons.

Les travaux furent commencés le 23 février 1863 et la bénédiction de la première pierre a été faite le 17 mars suivant par Monsieur Carrotte, curé de Saint-Saulve, en présence de Monsieur et de Madame Hamoir, des autorités municipales, du conseil de fabrique, de l'architecte, de l'entrepreneur et d'une foule considérable attirée par la pieuse cérémonie.

L'édifice construit en pierres des carrières de Saint-Maximin a pour dimensions :

Extrême longueur.................. 44ᵐ 27
Largeur au transept............... 22 76
  Id.   de la nef.............. 18 53
Dimension intérieure depuis le
Portail jusqu'au fond du chœur.... 41 30
Longueur du sanctuaire............ 11 67
Largeur à l'endroit du transept... 20 00
  id.   de l'église........... 16 00
La grande nef et le transept ont en
Largeur........................... 7 40
Et les bas côtés.................. 4 40
La hauteur du clocher, compris la
Flèche et la croix, est de........ 47 00
Celle du faîtage de l'église, est de 18 40
La grande nef a sous clef......... 11 90
Les bas-côtés..................... 8 90
Les colonnes...................... 5 65

L'église et son mobilier ont été exécutés sur les plans et sous la direction de M. Dutouquet, architecte à Valenciennes.

La grosse construction a été faite par MM. Blondeau et Fortier. Le premier a construit l'édifice jusqu'à la hauteur des colonnes et le second l'a terminé.

L'orgue est l'œuvre de MM. Merklin, Schutze et compagnie.

Les vitraux ont été exécutés par M. Maréchal de Metz. Les sujets dans les rosaces des quatorze verrières des bas-côtés représentent les Stations du Chemin de la Croix. Les deux figures dans la verrière géminée de la chapelle de la sainte Vierge représentent saint Albert et saint Abel.

La verrière en pendant dans la chapelle sise au côté opposé, représente saint Martin et saint Sauve.

Le vitrail au fond du chœur représente l'Ascension de N.-S. Jésus-Christ ; les verrières à droite et à gauche, sa naissance et sa présence aux milieu des docteurs.

Dans la verrière au-dessus de la porte de la sacristie, saint Edouard est représenté en pied, portant sur le bras l'église récemment construite.

La verrière en pendant représente sainte Mélanie portant dans ses bras l'asile dit de Saint-Abel, fondé dans la paroisse, par Monsieur et Madame Edouard Hamoir.

MM. Goyers frères ont exécuté les trois autels, les stalles, la chaire, les confessionnaux et les fonts de baptême.

Le maître-autel a 9^m,00 d'élévation ; les deux bas-relief du gradin représentent : 1º la Cène, 2º Melchisédech offrant devant Abraham le sacrifice du pain et du vin.

Les statues placées dans les niches des clochetons représentent saint Martin, saint Saulve et saint Albert.

Les autels des chapelles latérales sont consacrés, l'un à la sainte Vierge et l'autre à saint Albert.

La sainte Vierge est représentée portant l'Enfant Jésus, à droite et à gauche sont des anges adorateurs

Dans l'autel en pendant, le saint patron est dans la grande niche, et de chaque côté se trouve également une figure d'ange.

Les bas-reliefs entourant la chaire, représentent les quatre Evangélistes.

CONSÉCRATION

- DE LA NOUVELLE ÉGLISE.

La consécration de l'église de Saint-Saulve
sera faite solennellement (1) le 16 juillet 1865
par monseigneur l'archevêque de Cambrai,
assisté de NN. S.S. les évêques d'Angoulême
et de Limoges. Il est a remarquer que ces trois
prélats donnent à la cérémonie un caractère

---

(1) Il n'est pas nécessaire qu'une église soit consacrée pour devenir un lieu dans lequel on puisse
offrir le saint sacrifice ; il suffit qu'elle soit bénite
par un prêtre qui en a reçu le pouvoir. Il n'est pas
rare de trouver des églises, même des cathédrales
qui n'ont reçu qu'une simple bénédiction. Générale-
ment on reconnaît qu'une église a été consacrée en
voyant des croix peintes sur les murailles ; ces
signes sacrés indiquent les endroits où ont été faites
les saintes onctions. Les évêques seuls ont le pouvoir de donner la consécration à une église, et cette
cérémonie est une des plus solennelles de la religion. Elle commence la veille au soir par la déposition des reliques des saints qui doivent être placées

spécial, en ce qu'ils sont les successeurs de saint Saulve. On sait en effet que ce saint et illustre martyr était évêque régionnaire d'An-

le lendemain dans l'autel. Cette déposition se fait soit dans une chapelle voisine de l'église, soit sous une tente dressée à cet effet, et l'on y dit l'office en l'honneur de ces mêmes saints.

Le lendemain la cérémonie commence par la récitation des psaumes de la pénitence, sous la tente, devant les reliques, puis l'on se rend processionnellement à l'église qui est fermée et entièrement vide.

Devant la porte on chante les litanies des saints; le prélat officiant bénit l'eau qui doit servir à l'aspersion de l'édifice et fait avec le clergé trois fois le tour de l'église en aspergeant les murailles.

Après le troisième tour, la procession entre dans l'église qui reste encore fermée pendant la bénédiction intérieure et le commencement de la consécration de l'autel.

Après avoir fait trois fois l'aspersion des murailles intérieures et marqué l'autel de diverses onctions, le prélat officiant va processionnellement, précédé du clergé, chercher les reliques au lieu où elles ont été déposées ; on fait avec elles la procession autour de l'église, puis, après quelques cérémonies devant le portail, le peuple entre avec le clergé ; la consécration de l'autel se continue, celle des murailles intérieures s'achève par douze onctions faites avec le saint Chrême et la cérémonie se termine par la bénédiction des divers objets destinés à servir au saint sacrifice.

Quand la consécration est terminée, le prélat consécrateur célèbre la messe solennellement.

goulême ; or, monseigneur Régnier, aujour-
d'hui archevêque de Cambrai, fut sacré évêque
d'Angoulême le 2 septembre 1842 et resta titu-
laire de ce siège jusqu'en 1850 ; monseigneur
Cousseau est évêque d'Angoulême depuis 1850,
et monseigneur Frucheau, évêque de Limoges,
fut longtemps vicaire-général attaché au siège
d'Angoulême.

La cérémonie commencera le samedi 15, à
six heures du soir, par la translation des
reliques qui le lendemain devront être déposées
dans les autels. Ces reliques seront placées
sous une tente dressée au milieu de l'esplanade en face du portail de la nouvelle église et
les offices y seront récités.

Le lendemain à sept heures et demie, NN.
S.S. les évêques, précédés du clergé, sortiront
de chez monsieur le curé de la paroisse, pour
se rendre sous la tente dressée la veille et y
commenceront les cérémonies prescrites par
les règles lithurgiques.

Monseigneur l'archevêque de Cambrai consacrera le maître autel, monseigneur l'évêque
d'Angoulême consacrera l'autel des Patrons,
et monseigneur l'évêque de Limoges, celui de
la Sainte Vierge.

L'église sera ouverte aux fidèles vers neuf
heures et demie et la célébration du saint sacrifice qui suivra immédiatement la consécration, aura lieu environ une heure après.

La cloche annoncera le commencement de
la cérémonie, puis l'entrée des fidèles dans
l'église, et enfin la messe.

PROGRAMME

DE LA PROCESSION.

ORGANISATION DE LA PROCESSION.

La procession s'organisera dans les cours et les cloîtres du pensionnat des Dames Ursulines.

Toutes les personnes qui en feront partie arriveront au pensionnat par la petite rue qui, partant de la rue de Valenciennes aboutit à l'asile Saint-Abel ; à quatre heures précises, elles devront se trouver réunies aux lieux qui vont être indiqués, et être placées dans l'ordre tracé au programme.

La partie composant le N° 1 du programme se tiendra dans la première cour, depuis la porte principale, en s'échelonnant jusqu'au jardin.

La partie N° 2 étant composée des pensionnaires de l'établissement, les Dames Ursulines placeront leurs élèves dans une salle d'on celles-ci pourront facilement sortir et prendre rang aussitôt que le signal leur sera donné.

La partie N° 3 s'organisera sur la terrasse intérieure, en longeant l'aile gauche de la maison.

La partie N° 4 se tiendra également sur la terrasse, en longeant l'aile droite.

La partie N° 5 se tiendra dans le cloître du côté de la chapelle, et les ecclésiastiques qui la composent prendront dans la chapelle les ornements dont ils devront se revêtir.

Les tambours, la musique et le piquet de militaires qui doivent ouvrir la marche se placeront devant l'asile Saint-Abel.

Le piquet qui doit la fermer et servir d'escorte d'honneur au Saint-Sacrement, se placera à l'extrémité de la place de l'ancienne église et sera chargé d'en interdire l'entrée au public.

A quatre heures et demie précises, NN. SS. les Evêques viendront prendre le Saint-Sacrement dans l'ancienne église, et, au chant de l'*O Salutaris* exécuté par le chœur, ils iront le placer sur le reposoir érigé en face du portail. Les prélats, suivis des autorités, se placeront aux côtés de ce reposoir, et aussitôt, sortant de la maison des Dames Ursulines, la procession se mettra en marche.

La procession parcourra la rue qui conduit au calvaire, la route de Mons, et viendra en la nouvelle église par la rue dite 'ancienne route de Condé.

ORDRE DE LA PROCESSION.

Tambours.

Musique de Bruai.

Piquet de militaires.

INTRODUCTION.

Objet de la Fête.

Deux jeunes filles portant chacune un philactère. Sur ces philactères on lit ces textes bibliques : *Ce lieu est trop étroit, élargissez l'espace pour que j'habite avec vous* (1) ; sur l'autre : *Les petits enfants ont demandé du pain , et il n'y avait personne pour leur en rompre* (2).

Une bannière, sur laquelle on distingue les

---

(1) *Angustus est mihi locus, fac spatium ut inhabitem tibi.* (Isaïe, IL.)

(2) *Parvuli petierunt panem et non erat qui frangeret eis.* (Lamentations de Jérémie IV.)

symboles de la Foi, de l'Espérance et de la Charité. A chaque côté de cette bannière, une sœur de la charité de Saint-Vincent de Paul conduit par la main un jeune enfant portant au bras un écusson. Sur l'un de ces écussons se trouve le plan de l'église nouvelle, sur l'autre le dessin de la façade de l'asile dit de Saint-Abel.

Trois jeunes filles portant chacune une bannière sur lesquelles on lit des textes bibliques qui correspondent à ceux inscrits sur les phylactères.

Sur la première : *J'ai sanctifié ce temple que vous avez érigé à ma gloire* (1).

Sur la seconde : *Les pauvres seront rassasiés et ceux qui aiment le Seigneur le béniront* (2).

Sur celle du milieu : *Laissez venir à moi les petits enfants* (3).

---

(1) *Sanctificavi domum hanc quam œdificasti.* (III Livre des Rois, IX.)

(2) *Edent pauperes et saturabuntur et laudabunt Dominum qui requirunt eum* (Psaume XXI.)

(3) *Sinite parvulos ad me venire.* (Saint Marc, X.).

I

Cortége de saint Martin,
patron de la paroisse depuis un temps
immémorial.

Suisse, croix et acolytes.

Bannière de saint Martin portée par des jeunes gens.

Les petites filles et les petits garçons de l'asile Saint-Abel marchant en groupes séparés et portant en mains des oriflammes aux initiales du patron de l'asile.

Entre les deux groupes, les bannières de saint Albert et de saint Abel marchant de front. Ces bannières sont unies l'une à l'autre par des guirlandes de fleurs symboliques.

Les pensionnaires de la maison des Sœurs de Charité de la rue de l'Intendance, à Valenciennes,

Sœurs de Charité marchant en groupe.

Députation des élèves de l'école des Frères de Valenciennes, marchant en deux groupes, précédés de leur bannière.

Les membres du Patronage des jeunes apprentis de Valenciennes, précédés de leur bannière.

Musique de l'Institution libre dite de Notre-Dame, à Valenciennes.

Députation des élèves dudit établissement, précédés de leur bannière.

Statue de saint Martin de Tours, portée par des jeunes gens de la paroisse de Saint-Saulve. Autour de la statue, quatre oriflammes de soie verte. Les porteurs sont décorés d'un brassart vert.

II

Cortége de sainte Ursule, patronne du pensionnat.

Les élèves du pensionnat des Dames Ursulines marchant en groupe ; elles ont au front une couronne d'étoiles et tiennent en main chacune une branche de lys, symbole de la pureté du cœur.

Une châsse renfermant une insigne relique d'une des compagnes de sainte Ursule;

Autour de cette châsse, des élèves portent les attributs des vertus et du martyre de leur patronne. Ce sont : le flambeau de la Foi, la croix du Sauveur, le lys de la pureté, la robe virginale, la couronne des Vierges, la palme du martyre, la couronne d'or du martyre, le manteau de pourpre, un faisceau de flèches.

L'image de sainte Ursule portée par des élèves.

III

Cortége de saint Saulve.

Bannière de saint Saulve.

Les anciens militaires habitant la commune de Saint-Saulve.

Députation de la paroisse de Beuvrages, où saint Saulve et saint Supère furent martyrisés.

Croix et acolytes de Beuvrages.

Musique de la commune de Beuvrages.

Groupe de jeunes filles de Beuvrages.

Jeunes garçons de Beuvrages représentant *l'Industrie houillère de la contrée.*

Monsieur le curé de Beuvrages accompagné de quelques prêtres revêtus d'ornements rouges.

L'industrie horticole de la commune de Saint-Saulve.

Une bannière composée de fleurs.

Un groupe d'adolescents portant des vases contenant des arbustes fleuris.

L'industrie agricole.

Un groupe d'adolescents portant des gerbes de blé.

Ceux qui font partie de ces trois groupes sont en costumes analogues à l'industrie qu'ils représentent.

La statue de saint Eloi, patron des laboureurs Elle est portée par des agriculteurs.

A l'entour, des ouvriers des champs portent les instruments propres à leur état · la bêche la faulx, le rateau. la fourche, etc.

Groupe de jeunes gens de la paroisse de Saint-Saulve représentant les pèlerins qui viennent invoquer l'intercession de leur saint patron. Ils tiennent en main la baguette traditionnelle des pèlerins , surmontée d'un bouquet.

Musique communale de Saint-Saulve.

Membres de la confrérie de saint Saulve, en brassarts rouges. Ils portent les instruments du martyre et les insignes épiscopaux de leur patron.

La statue de saint Saulve.

Autour de la statue , quatre oriflammes de soie rouge.

Les prêtres nés dans la paroisse de Saint-Saulve ; ils sont revêtus de la chasuble.

La compagnie des sapeurs-pompiers de la commune de Saint-Saulve.

IV

Cortége de la Sainte Vierge.

Bannière de la Sainte Vierge. Cette bannière est offerte et portée par les demoiselles appartenant aux principales familles de la paroisse de St.-Saulve.

Les quinze mystères du Rosaire figurés sur

quinze bannières portées par les demoiselles de la paroisse : mystères joyeux, mystères douloureux et mystères glorieux. Entre la représentation de chaque série de mystères, d'autres jeunes personnes marchant de front, tiennent des guirlandes de fleurs disposées en rinceaux.

Groupe des jeunes filles jetant des fleurs devant l'image de la Sainte Vierge.

L'image de la Sainte Vierge portée par les demoiselles appartenant à la congrégation des Enfants de Marie, établie dans la paroisse. Elles sont en manteaux de drap d'argent.

Autour de la statue sont portées quatre corbeilles de fleurs élevées sur des hampes.

V

Translation des vases sacrés et des objets servant au culte divin.

Enfant de chœur portant une seconde croix de procession.

Six autres enfants portant les six chandeliers de l'autel.

Quatre autres portant les burettes, le seau à l'eau bénite, l'encensoir, les canons de l'autel.

Cinq prêtres revêtus d'ornements d'or, portant sur des coussins en velours, le calice, le ciboire, le petit ostensoir, la pierre sacrée de l'autel.

Cinq autres revêtus d'ornements d'argent portent la croix de l'autel, les vases aux saintes huiles, l'eau sainte du baptême, le missel, le livre de l'évangile.

Quatre autres revêtus d'ornements rouges, portent sur un brancart la relique de la sainte vraie croix.

VI

Le Saint Sacrement.

Bannière du Saint Sacrement.

Députation des membres de la confrérie du St.-Sacrement des paroisses de Valenciennes, portant le flambeau et marchant en groupe.

Musique communale de Valenciennes.

La maîtrise de l'église St.-Géry, chantres et instrumentistes.

Prêtres choristes en chappe.

Six Thuriféraires.

Prêtres marchant en cordon.

NN. SS. les évêques d'Angoulême et de Limoges.

Les professeurs de l'institution Notre-Dame portant les insignes de Monseigneur l'archevêque de Cambrai : la croix, la mître, la crosse, etc.

Monseigneur l'archevêque de Cambrai portant le Très-Saint-Sacrement sous un dais soutenu par des membres de la confrérie de St.-Saulve.

Aux côtés du dais quatre lanternes d'argent.

Militaires formant l'escorte d'honneur.

Derrière le dais, le donateur et la donatrice de l'église, les autorités et les personnages invités à la cérémonie.

La procession est terminée par un piquet de militaires.

Dispositions pour le retour de la Procession.

Au retour, la procession étant arrivée devant l'esplanade, prendra le chemin à droite contre le presbytère. et s'avançant jusqu'au-delà de l'église, tournera à gauche pour venir prendre place et s'échelonner sur le chemin parallèle à celui par lequel elle sera entrée. Les personnes qui composent les numéros 5 et 6, entreront seules dans l'église pour former le cortège du Saint Sacrement entrant triomphalement dans le temple qui lui est consacré.

Vu et approuvé par nous , en cours de visite pastorale,

A Wallgnies, le 17 mai 1865.

† R. F. Archevêque de Cambrai.

TABLE DES MATIÈRES.

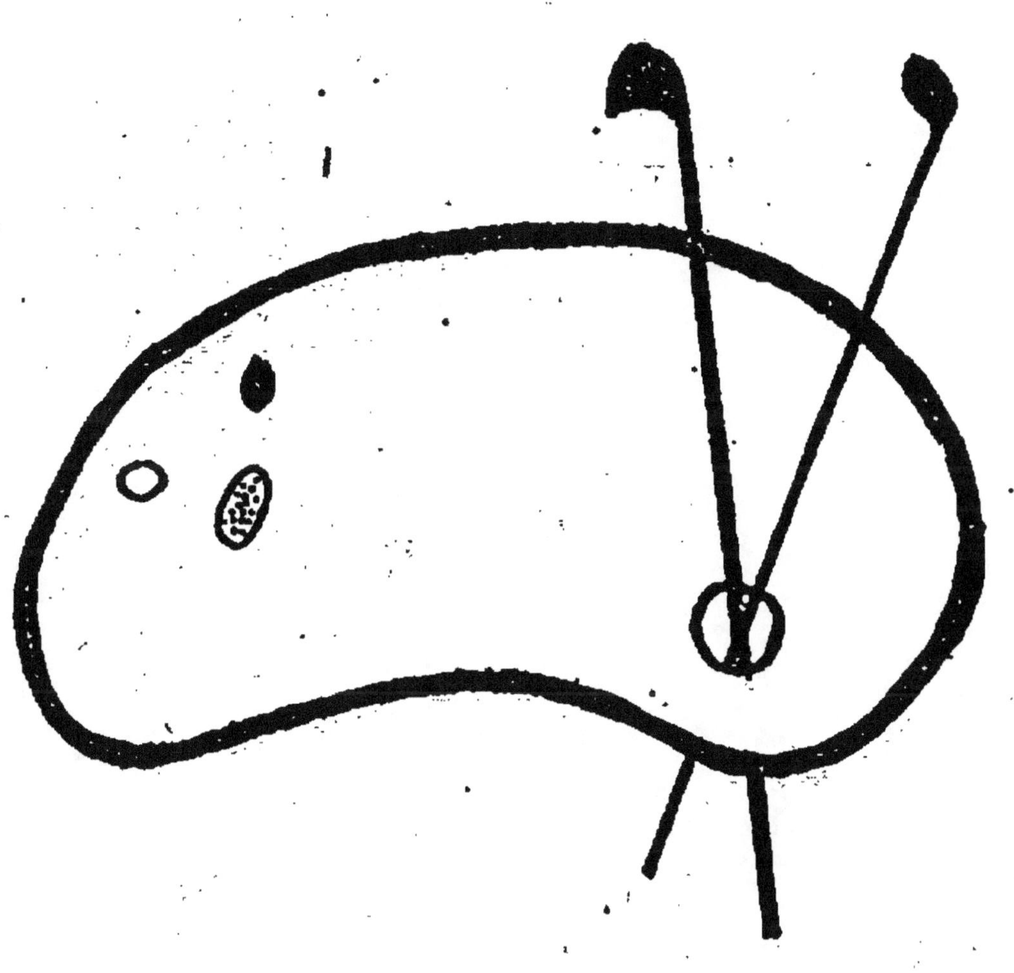

ORIGINAL EN COULEUR

NF Z 43-120-8